RÈGLEMENT

SUR LE SERVICE ET L'ENTRETIEN

DU HARNACHEMENT

DE

L'ARTILLERIE ET DES ÉQUIPAGES MILITAIRES

DANS LES CORPS DE TROUPE

ET DANS LES ÉTABLISSEMENTS

---

11 JUIN 1883

Modifié par l'annexe n° 1 du 16 décembre 1886

EXTRAIT

RELATIF AUX DISPOSITIONS A SUIVRE POUR L'ENTRETIEN
DU HARNACHEMENT EN CAMPAGNE.

PARIS | LIMOGES
11, *Place Saint-André-des-Arts.* | 46, *Nouvelle route d'Aix*, 46.

IMPRIMERIE ET LIBRAIRIE MILITAIRES

HENRI CHARLES-LAVAUZELLE

Éditeur

1893

RÈGLEMENT

SUR LE SERVICE ET L'ENTRETIEN

DU HARNACHEMENT

DE

L'ARTILLERIE ET DES ÉQUIPAGES MILITAIRES

DANS LES CORPS DE TROUPE

ET DANS LES ÉTABLISSEMENTS.

---

11 JUIN 1883.

EXTRAIT

RELATIF AUX DISPOSITIONS A SUIVRE POUR L'ENTRETIEN DU HARNACHEMENT EN CAMPAGNE.

CHAPITRE VI.

DISPOSITIONS RELATIVES A L'ENTRETIEN DU HARNACHEMENT EN CAMPAGNE.

Régime mixte de campagne.

Art. 49. L'entretien du harnachement en campagne a lieu sous un régime mixte qui tient à la fois du régime de l'abonnement et du régime de clerc à maitre. Il est confié à un ouvrier bourrelier avec lequel le capitaine commandant passe un marché conforme au modèle n° 6.

NOTA. Le présent document annule et remplace la note ministérielle du 22 janvier 1879, réglant les dispositions à prendre pour l'entretien en campagne du harnachement de l'artillerie et des équipages militaires.

L'abonnement est conservé pour les menues réparations journa
lières qui n'exigent que de la main-d'œuvre ou des fournitures d
peu de valeur; les autres réparations et les remplacements son
faits sous le régime de clerc à maître au compte de la masse d'en
tretien du harnachement et ferrage. Les réparations et les rem
placements effectués sous le régime de clerc à maître sont payé:
aux prix des tarifs, augmentés de 25 p. 100.

Les matières nécessaires au graissage des harnais sont ache-
tées au compte de la masse du harnachement et ferrage.

Pertes et réparations par cas de force majeure.

Art. 50. Les réparations qui ne peuvent être attribuées à l'usure
naturelle des effets ou à la négligence des détenteurs sont l'objet
de procès-verbaux établis par le sous-intendant militaire, sur la
production d'un rapport par le capitaine commandant la batterie
ou la compagnie. Ce rapport est accompagné d'un bulletin modèle
n° 7 portant décompte du montant des réparations, augmenté d'une
prime de 25 p. 100.

Les pertes d'effets de harnachement par cas de force majeure
font aussi l'objet de procès-verbaux établis d'après les dispositions
qui précèdent.

Pièces à établir pour le payement de l'abonnement des réparations et des remplacements.

Art. 51. Pour couvrir l'abonnataire des dépenses mises à sa
charge par le marché d'abonnement, il lui est alloué une prime
journalière de 0 fr 015 due pour chaque harnais de selle ou de trait
comptant à la batterie ou compagnie.

Le décompte de la prime est établi chaque mois et payé d'après
un état conforme au modèle n° 8.

Les réparations à la charge de la masse d'entretien du harnachement et ferrage sont décomptées sur un bulletin modèle n° 10,
au prix du tarif, mais le total est augmenté de 25 p. 100. Ce bulletin est habituellement établi chaque mois.

Passage du régime de l'abonnement du temps de paix au régime mixte de campagne.

Art. 52. Lorsque les délais fixés pour le départ de la batterie ou
de la compagnie le permettent, le harnachement est mis en bon
état de service. Une visite contradictoire est ensuite passée par
l'ancien abonnataire et par un ouvrier d'état appelé à titre d'ex-
pert, en présence du sous-intendant militaire, du capitaine commandant et de l'officier d'habillement.

Les résultats de cette visite font l'objet d'un état modèle n° 11

le décompte des réparations est porté dans la colonne 5 de cet
.t.

Le sous-intendant relève parmi les dégradations signalées celles
i, sous le régime de campagne, doivent être mises au compte
la masse d'entretien du harnachement et ferrage, à l'exception
utefois de celles qui résultent de la faute des hommes ; il en fait
décompte et il établit, en conséquence, un procès-verbal faisant
ssortir la somme que l'ancien abonnataire devra rembourser à
tte masse.

L'officier d'habillement relève les dégradations qui, sous le
gime de campagne, sont imputables à l'abonnement, et il en fait
décompte, qui doit représenter la somme à payer par l'ancien
bonnataire au nouveau. Le capitaine commandant est chargé de
éfendre les intérêts du nouvel abonnataire ; les contestations qui
élèveraient à ce sujet seront portées devant le major et, au be-
oin, devant le conseil d'administration.

Enfin, le capitaine commandant prend note des dégradations
ui résultent de la faute des hommes pour les faire imputer à la
nasse d'habillement et d'entretien.

Le changement de régime a lieu à compter du lendemain de la
isite.

Dispositions à prendre dans le cas où le harnachement ne peut être réparé
avant le départ.

Art. 53. Dans le cas où les délais fixés pour le départ de la
batterie ou de la compagnie ne permettraient pas d'apporter au
harnachement les réparations reconnues nécessaires, le capitaine
commandant, après avoir fait établir l'état modèle n° 11, le remet
au major, qui fait faire le décompte des réparations et en répartit
le montant dans les colonnes 6, 7 et 8.

Le maître sellier reçoit une copie de cet état ; il est admis à
vérifier *de visu* les réparations qui lui sont imputées et à porter ses
réclamations devant le major pendant un délai de deux jours pleins
à compter du moment où il aura reçu communication de l'état
modèle n° 11, si, toutefois, ce délai n'est pas incompatible avec
les ordres donnés pour le départ.

Le changement de régime a lieu à partir du jour où la batterie
ou compagnie s'administre séparément.

Dispositions à prendre dans le cas d'une mobilisation générale.

Art. 54. Dans le cas d'une mobilisation générale, l'état modèle
n° 11 est établi dès le premier jour de la mobilisation, soit d'après
une visite sommaire, soit d'après les résultats constatés dans une
revue récente et rapidement vérifiés.

Le changement de régime aura également lieu à partir du jour
où la batterie ou compagnie s'administrera séparément.

Remboursement du montant des réparations non exécutées au moment
du départ.

Art. 55. A l'aide de l'état modèle n° 11, le major établira ultérieurement un bordereau récapitulatif qu'il adressera au sous intendant militaire chargé de la surveillance administrative de l portion centrale du corps, pour servir à l'établissement du procès verbal prescrit par l'article 52.

Ce bordereau est appuyé d'extraits modèle n° 12, comprenan seulement les réparations qui doivent être remboursées à l'Eta par le maître sellier.

La somme à payer par l'ancien abonnataire au nouveau pourra être réglée à l'amiable, avec l'assentiment du capitaine comman dant. Sinon, cet officier la fixera après constatation sommaire d l'état du harnachement; en cas de contestation, le major pronon cera en dernier ressort.

Dans tous les cas, cette somme sera versée entre les mains du capitaine commandant qui la conservera au moins jusqu'à l'exé cution des réparations auxquelles elle se rapporte. Cette somme sera portée en recette au livre-journal (Fonds divers).

Enfin, le montant des sommes à imputer à la masse d'habillement et d'entretien devra être versé, par cette masse, à la masse de harnachement et ferrage.

Avance au chef de détachement, remboursement.

Art. 56. Pour mettre l'abonnataire en mesure de solder les achats d'outils et de matières dont il aurait besoin au début de ses opérations, une avance de 300 francs au maximum pourra être prélevée sur la masse d'entretien du harnachement et ferrage du corps et remise à l'officier commandant la batterie ou compagnie.

Les retenues à faire pour le remboursement de la somme avancée pourront s'élever à la totalité des sommes dues à l'abonnataire, sauf déduction du salaire que le capitaine commandant croira devoir lui allouer, ainsi qu'à son aide, pour leur main-d'œuvre.

A l'expiration de son marché d'abonnement, l'abonnataire reçoit les sommes qui lui sont dues, sauf retenue pour les réparations reconnues nécessaires au moment de la visite contradictoire.

Batterie ou compagnie placée sous le régime mixte de campagne
sans changer d'abonnataire.

Art. 57. Dans le cas d'une batterie ou compagnie détachée, qui conserve sous le régime de campagne l'abonnataire qu'elle avait en temps de paix, la seule formalité administrative à remplir consiste dans la passation du nouveau marché; mais le capitaine commandant après avoir fait, en présence de l'abonnataire, un relevé des réparations qui incombaient à la charge de l'abonnement du temps de paix, tient la main à ce que l'abonnataire exécute ces réparations à ses frais.

Passage du régime mixte de campagne au régime de l'abonnement du temps de paix.

Art. 58. Après la campagne, lorsque la batterie ou compagnie est rentrée en station, il est passé une visite contradictoire par un ouvrier d'Etat et par l'abonnataire de campagne, en présence du sous-intendant militaire, du capitaine commandant et de l'officier d'habillement. Le maître sellier, s'il doit prendre l'abonnement du temps de paix, sera admis à y assister.

Le résultat de cette visite servira de base pour régler les questions relatives au changement de régime, comme dans le cas inverse.

Le régime de campagne est toujours poursuivi jusqu'au jour inclus de cette visite; mais à compter du jour où la campagne prend fin, les réparations en dehors de l'abonnement sont payées au prix du tarif, sans augmentation.

Dispositions à prendre pour faciliter le changement de régime.

Art. 59. Afin d'assurer, avec promptitude, l'exécution des dispositions qui régissent le passage de l'abonnement du pied de paix au régime mixte de campagne, il importe que le harnachement soit constamment tenu en bon état, et que les réparations, dont les revues mensuelles prescrites par l'article 27 du règlement sur le service et l'entretien du harnachement, auront fait ressortir la nécessité, soient exécutées sans délai.

Les marchés pour l'abonnement du régime de campagne sont préparés à l'avance pour chaque élément mobilisable et placés dans les caisses de fonds et de comptabilité.

Paris, le 11 juin 1883.

Le Ministre de la guerre,

THIBAUDIN.

MODÈLES.

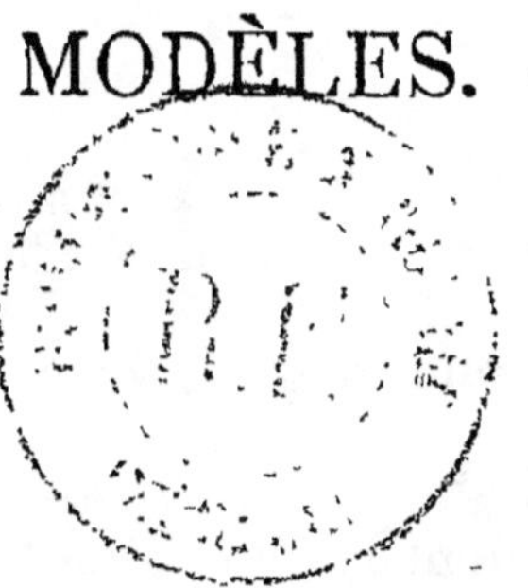

Format : 0ᵐ,36 sur 0ᵐ,2

e Corps d'armée.

Modèle nº 6.

Désigner le corps
et la
fraction du corps.

ABONNEMENT POUR L'ENTRETIEN DU HARNACHEMENT.
(*Régime mixte de campagne.*)

Aujourd'hui   mil huit cent
le capitaine commandant la
et le sieur   bourrelier, ont conclu
le présent marché à compter du

Art. 1ᵉʳ. Le sieur   s'engage à exécuter, moyennant un abonnement dont les conditions sont spécifiées ci-après, les réparations suivantes :

Harnachement de selle et de trait.

1º Remplacement de la bouclerie, réparation des mors de brides, étriers, et en général, de toutes les parties en fer et en cuivre qui entrent dans le harnachement;

2º Toutes les coutures et piqûres à refaire au harnachement proprement dit, aux bissacs et aux musettes-mangeoires;

3º Le débourrage et le rembourrage des panneaux;

4º Toutes les pièces à mettre ou reprises à faire aux couvertures (les morceaux nécessaires aux réparations seront pris sur les couvertures réformées);

5º Le remplacement des lanières et de tous les passants coulants ou fixes;

6º La désinfection des harnais ayant servi aux chevaux atteints de maladies contagieuses;

7º L'ajustage des harnais sur les chevaux et toutes les opérations que comporte cet ajustage;

8° La main-d'œuvre pour le numérotage et le graissage du harnachement.

Harnachement des mulets.

1° La fourniture de la bouclerie et la réparation des mors de bridons (les autres parties en fer ne font pas partie de l'abonnement);

2° Toutes les coutures et piqûres à refaire au harnachement proprement dit et aux musettes-mangeoires;

3° Le débourrage et le rembourrage des panneaux de bât;

4° Toutes les pièces à mettre ou reprises à faire aux couvertures (les morceaux nécessaires aux réparations seront pris sur des couvertures réformées);

5° Le remplacement des passants coulants ou fixes, des courroies servant à assujettir le chargement, et de toutes les lanières, à l'exception de la grande lanière de surfaix;

6° Les ganses et épissures aux cordes de charge;

7° La désinfection des harnais ayant servi aux mulets atteints de maladies contagieuses;

8° L'ajustage des harnais sur les mulets et toutes les opérations que comporte cet ajustage;

9° La main-d'œuvre pour le numérotage et le graissage.

Art. 2. L'abonnement ne s'étend qu'aux réparations rendues nécessaires par le service naturel des objets; il comprend non seulement la main-d'œuvre, mais encore les fournitures nécessaires pour les réparations; ces fournitures devront être de première qualité et reçues par le capitaine commandant.

Art. 3. Pour couvrir le sieur   des dépenses mises à sa charge par le présent abonnement, il lui sera alloué une prime journalière de 0 fr. 015 par harnachement complet en service ou en magasin. Les harnais de cheval de selle, de porteur ou de sous-verge, de derrière ou de devant, ainsi que les harnais de mulet ou de cheval de bât, seront comptés indistinctement chacun pour une unité.

Art. 4. Le sieur   s'engage à exécuter, sans autre indemnité que celle qui lui est allouée par l'article précédent, les réparations indiquées ci-après, aux bâches, aux prélarts, et, en général, aux couvertures de toutes espèces qui pourront être mises à la disposition de la batterie ou compagnie pour préserver certaines parties du chargement, ainsi qu'aux couvre-bouche, aux couvre-culasse et aux autres objets analogues afférents au service des bouches à feu, savoir:

1° Toutes les reprises, coutures et piqûres à refaire;

2° Le remplacement de la bouclerie.

Il s'engage de même à refaire les coutures aux courroies des poignées de coffre modifiées pour le transport des effets.

Art. 5. Le sieur   s'engage, enfin, à exécuter toutes les réparations ou remplacements autorisés par les règlements, moyennant les prix mentionnés aux tarifs en vigueur. Toutefois, ces prix seront augmentés de 25 p 100 tant que la batterie ou compagnie restera en campagne.

Art. 6. Le sieur   consent à subir les retenues nécessaires pour le remboursement de l'avance qui aura pu lui être faite, au début de son abonnement, en vue de lui permettre d'effectuer le payement des matières et outils dont l'achat lui incombe.

Art. 7. A l'expiration du présent marché ou en cas de résiliation, les réparations incombant à l'abonnement seront faites par l'abonnataire ou à ses frais.

Art. 8. Le présent marché restera exécutoire, sauf le cas de force majeure, jusqu'à ce que la batterie ou compagnie étant rentrée en station, les circonstances aient permis de passer une visite contradictoire du harnachement.

Il sera soumis à l'approbation du sous-intendant militaire.

Les contestations que soulèverait son interprétation seront jugées administrativement.

Le capitaine commandant se réserve le droit de résiliation en cas de non-exécution des conditions stipulées ou de mauvaise conduite du bourrelier abonnataire.

A   , le   18   .

Le Capitaine commandant,

Le Bourrelier abonnataire,

Approuvé :

Le Sous-Intendant militaire,

A   , le   18   .

ᵉ CORPS D'ARMÉE.

MODÈLE Nº 7.

Désigner le corps
et la fraction de corps.

Bulletin des réparations à exécuter par le bourrelier au compte de la masse d'entretien du harnachement et ferrage pour cas de force majeure.

DÉSIGNATION des EFFETS.	NUMÉROS.	NATURE des RÉPARATIONS.	INDICATION SOMMAIRE des causes qui ont motivé les réparations.	PRIX du tarif.	OBSERVATIONS.
			TOTAL..........		
Prime de 25 p. 100 allouée pour les réparations en campagne..................................					
TOTAL de la dépense à imputer à la masse d'en-tretien du harnachement et ferrage............					

Le capitaine commandant certifie que les réparations indiquées ci-dessus dont la dépense s'élève à la somme de
ont été nécessitées par cas de force majeure, suivant le rapport ci-joint, et il demande, en conséquence qu'elles soient exécutées au compte de l'État.

A   . le   18 .

APPROUVÉ :

Le Sous-Intendant militaire,

A   , le   18

ᵉ CORPS D'ARMÉE.

MODÈLE Nᵒ 8.

Désigner le corps

et la fraction de corps. {

Etat des sommes dues au bourrelier de la pour *l'abonnement de l'entretien du harnachement pendant le mois de* 18 .

	NOMBRE de harnais (1).	NOMBRE de journées par harnais.	TOTAL des journées dans le mois.	OBSERVATIONS.
Calcul du nombre de journées de harnachement. L'effectif au 1ᵉʳ était de...............	150	30	4.500	
Gains { 2 harnais reçu de le 15......... (Procès-verbal du 15)	2	16	32	
TOTAUX.....	152		4.532	
Pertes { 1 harnais perdu par cas de force majeure le 5........	1	26	26	
Effectif au 30	151			
Nombre de journées donnant droit à l'abonnement...........................			4.506	

Décompte en deniers. — 4,506 journées, à raison de 0,015............ 67f,59

CERTIFIÉ le présent état montant à la somme de soixante-sept francs cinquante-neuf centimes.

A , le 18 .

Pour acquit de la somme de soixante-sept francs cinquante-neuf centimes.

Le Capitaine commandant,

A , le 18 .

Le Bourrelier abonnataire,

(1) Harnais de selle, de porteur ou de sous-verge, de devant ou de derrière, ou harnais de de mulet indistinctement.

e CORPS D'ARMÉE.   MODÈLE N° 10.

Désigner le corps
et la fraction de corps.

Bulletin des réparations exécutées par le bourrelier, au compte de la masse d'entretien du harnachement et ferrage, pendant le mois de

DÉSIGNATION des effets.	NUMÉROS.	NATURE des réparations.	PRIX du tarif.	OBSERVATIONS.
		TOTAL..........		
		TOTAL A PAYER..........		

CERTIFIÉ le présent bulletin montant à la somme de

A   , le   18   .

Le Capitaine commandant,

Pour acquit de la somme de

A   , le   18   .

Le Bourrelier abonnataire,

e CORPS D'ARMÉE.   MODÈLE Nº 11.

Désigner le corps

et la fraction du corps.

État des réparations qu'il est nécessaire d'exécuter au harnachement de la   ᵉ batterie du   ᵉ régiment d'artillerie à la date du (1).

NOMS DES HOMMES.	DÉSIGNA-TION DES EFFETS.	NUMÉROS.	NATURE des RÉPARATIONS.	PRIX DU TARIF.	SOMMES A IMPUTER			OBSERVATIONS.
					au MAÎTRE SELLIER pour être remboursées		à la masse d'habillement et d'entretien.	
					à l'État.	au nouvel abonnataire.		
TOTAUX...								
TOTAL ÉGAL au montant des réparations...								

Le capitaine commandant certifie que les réparations détaillées ci-dessus sont nécessaires pour remettre le harnachement de la batterie en bon état de service.

A   , le   18.

Reçu copie du présent état
le   , à   heures.

Le Maître sellier,

(1) Jour où l'ordre de départ ou de mobilisation a été reçu.

e CORPS D'ARMÉE.

Modèle nº 12.

Désigner le corps
et la fraction de corps.

Extrait de l'état des réparations non exécutées à la date du (1) n'incombant pas à la charge de l'abonnement de campagne, et qui doivent être remboursées à l'Etat par le maître sellier.

NOMS DES HOMMES.	DÉSIGNATION DES EFFETS.	NUMÉROS.	NATURE des RÉPARATIONS.	PRIX DU TARIF.	OBSER- VATIONS.

Certifié conforme le présent extrait s'élevant à la somme de   à rembourser à l'Etat par le maître sellier.

A   , le   18

Le Major,

(1) Jour où l'ordre de départ ou de mobilisation a été reçu.

Paris et Limoges. — Imprimerie militaire Henri CHARLES-LAVAUZELLE.

Paris et Limoges — Imprimerie militaire Henri CHARLES-LAVAUZELLE.